Pertenece a:

La mejor versión de mí

DIARIO MANIFESTACIÓN

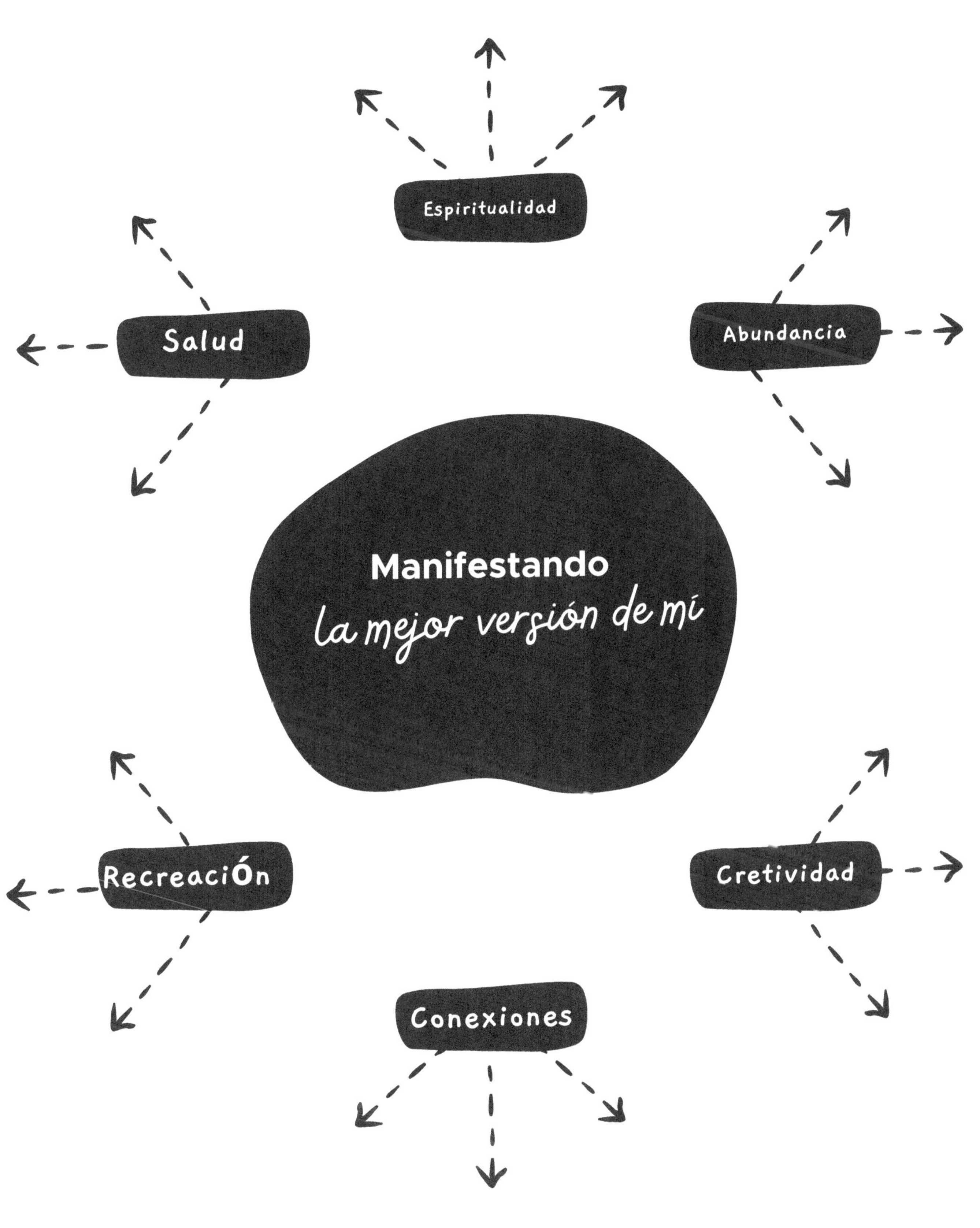

SELECCIONA TRES OBJETIVOS POR CADA ÁREAS DE TU VIDA
QUE QUIERAS ENTREGAR AL UNIVERSO.

"SI ASUMES TU DESEO Y VIVES COMO SI
FUERA CIERTO, NINGÚN PODER EN LA
TIERRA PODRÁ IMPEDIR QUE SE CONVIERTA
EN UN HECHO."

NEVILLE GODDARD

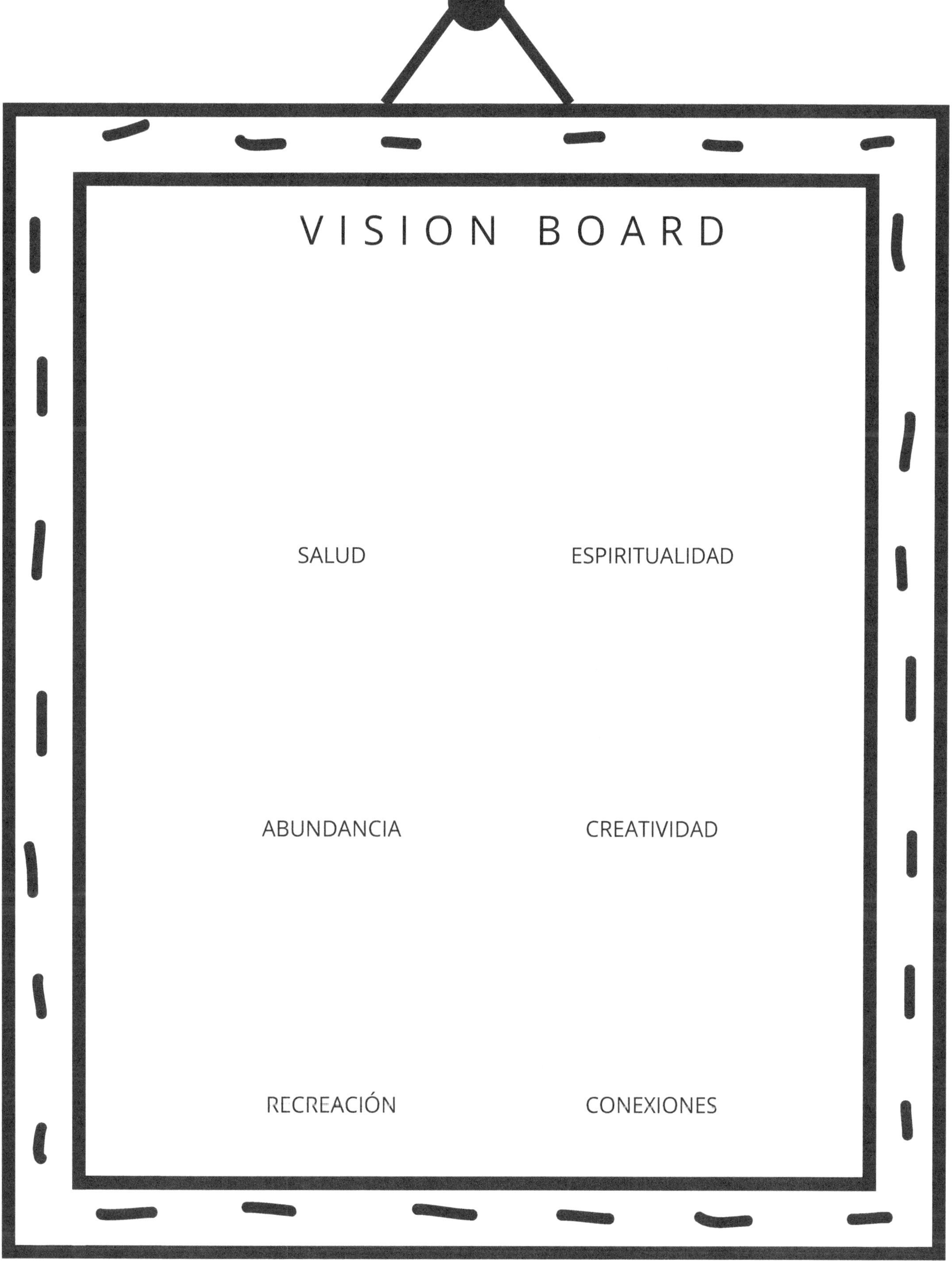

SELECCIONA UNA IMAGEN QUE REPRESENTE CADA ÁREA DE TU VIDA QUE QUIERAS ENTREGAR AL UNIVERSO Y PEGALA EN ESTE MURO DE VISIÓN.

"NO ES LO QUE QUIERES LO QUE ATRAES,
ATRAES LO QUE CREES QUE ES VERDAD."

NEVILLE GODDARD

Carta a mi futuro yo

Querido yo,

Hoy es

....

Instrucciones

Escribe una carta para ti mismo es un ejercicio divertido que te permite reflexionar sobre tu vida actual, sobre tus objetivos y sueños.

Decide qué edad quieres que tu futuro yo tenga cuando leas esta carta y guárdala hasta entonces.

Sinceramente,

Yo

¿Que manifiesto cada día?

LUNES: CASA, HOGAR, VIDA FAMILIAR, MATERNIDAD, INTUICIÓN

MARTES: PROTECCIÓN, CONFIANZA, AUTOAFIRMACIÓN Y FUERZA

MIÉRCOLES: COMUNICACIÓN, VIAJES, NEGOCIOS Y CARRERA

JUEVES:

DINERO, PROSPERIDAD, ABUNDANCIA

VIERNES: AMOR, ROMANCE, BELLEZA, SEXUALIDAD

SÁBADO:

EQUILIBRIO, ELIMINAR LA NEGATIVIDAD

DOMINGO: CREATIVIDAD, NUEVOS COMIENZOS, SALUD, VITALIDAD

¿Qué quisieras manifestar cada día?

LUNES: _______________________________________

MARTES: _______________________________________

MIÉRCOLES: _______________________________________

JUEVES: _______________________________________

VIERNES: _______________________________________

SÁBADO: _______________________________________

DOMINGO: _______________________________________

Mi palabra de poder

DIARIO MANIFESTACIÓN

ELIGE UNA PALABRA QUE SIRVA DE DETONANTE PARA TODAS TUS CERTEZAS Y CONVICCIONES DE QUE EL FUTURO QUE ESPERAS YA ES REALIDAD. BUSCA SU DEFINICION. BUSCA SUS SINONIMOS. DALE FORMA A TU PALABRA DE PODER. ABRAZALA.

"LAS SEÑALES SIEMPRE SIGUEN.
NUNCA PRECEDEN."

NEVILLE GODDARD

Mi objeto de poder

DIARIO MANIFESTACIÓN

"TU TRABAJO REAL ES DECIDIR LO
QUE QUIERES Y LUEGO
CONCENTRARTE EN ELLO. PORQUE ES
AL ENFOCARTE EN LO QUE QUIERES
QUE LO ATRAERÁS. ESE ES EL
PROCESO DE CREAR".

ESTHER HICKS

Yo siento

VISUALIZA LA MEJOR VERSIÓN DE TI. UTILIZA TUS SENTIDOS COMO HERRAMIENTA PARA DETALLAR MEJOR QUE SIENTES

EN LA VIDA DE MIS SUEÑOS...

YO VEO ....

YO ESCUCHO ....

YO SIENTO ....

YO HUELO/SABOREO ....

Mi compromiso

TRACKER

"SI REALMENTE QUIERO MEJORAR LA SITUACIÓN, PUEDO TRABAJAR EN LO ÚNICO SOBRE LO QUE TENGO CONTROL: YO MISMO".

STEPHEN COVEY

Mes __________

L	M	M	J	V	S	D
◯	◯	◯	◯	◯	◯	◯
◯	◯	◯	◯	◯	◯	◯
◯	◯	◯	◯	◯	◯	◯
◯	◯	◯	◯	◯	◯	◯
◯	◯	◯	◯	◯	◯	◯

Mes __________

L	M	M	J	V	S	D
◯	◯	◯	◯	◯	◯	◯
◯	◯	◯	◯	◯	◯	◯
◯	◯	◯	◯	◯	◯	◯
◯	◯	◯	◯	◯	◯	◯
◯	◯	◯	◯	◯	◯	◯

Mes __________

L	M	M	J	V	S	D
◯	◯	◯	◯	◯	◯	◯
◯	◯	◯	◯	◯	◯	◯
◯	◯	◯	◯	◯	◯	◯
◯	◯	◯	◯	◯	◯	◯
◯	◯	◯	◯	◯	◯	◯

Mes __________

L	M	M	J	V	S	D
◯	◯	◯	◯	◯	◯	◯
◯	◯	◯	◯	◯	◯	◯
◯	◯	◯	◯	◯	◯	◯
◯	◯	◯	◯	◯	◯	◯
◯	◯	◯	◯	◯	◯	◯

Mes __________

L	M	M	J	V	S	D
◯	◯	◯	◯	◯	◯	◯
◯	◯	◯	◯	◯	◯	◯
◯	◯	◯	◯	◯	◯	◯
◯	◯	◯	◯	◯	◯	◯
◯	◯	◯	◯	◯	◯	◯

Mes __________

L	M	M	J	V	S	D
◯	◯	◯	◯	◯	◯	◯
◯	◯	◯	◯	◯	◯	◯
◯	◯	◯	◯	◯	◯	◯
◯	◯	◯	◯	◯	◯	◯
◯	◯	◯	◯	◯	◯	◯

Marca en el calendario cada día en que trabajes con tu Diario de Manifestación

$\mathcal{M}es$ __________

L	M	M	J	V	S	D

$\mathcal{M}es$ __________

L	M	M	J	V	S	D

$\mathcal{M}es$ __________

L	M	M	J	V	S	D

$\mathcal{M}es$ __________

L	M	M	J	V	S	D

$\mathcal{M}es$ __________

L	M	M	J	V	S	D

$\mathcal{M}es$ __________

L	M	M	J	V	S	D

Marca en el calendario cada día en que trabajes con tu Diario de Manifestación

LA AUTOAFIRMACIÓN ES UNA DE LAS CLAVES PARA UNA VIDA SECRETA SALUDABLE. UNO DE LOS TIPOS DE COMUNICACIÓN MÁS IMPORTANTES QUE EXISTEN SON LOS MENSAJES DEAFIRMACIÓN QUE NOS DAMOS A NOSOTROS MISMOS Y A LOS DEMÁS.

UNA BUENA AUTOAFIRMACIÓN TIENE CINCO CARACTERÍSTICAS:

- ES PERSONAL, ES DECIR, ESTÁ ESCRITA EN PRIMERA PERSONA.
- ES POSITIVA EN LUGAR DE NEGATIVA, ES DECIR, AFIRMA LO QUE ESTÁ BIEN Y ES CORRECTO.
- ESTÁ FORMULADA EN PRESENTE, ES DECIR, ES ALGO QUE HACEMOS O QUE TENEMOS EL POTENCIAL PARA HACER AHORA.
- ES VISUAL, ES DECIR, PODEMOS VISUALIZARLA CON CLARIDAD MENTALMENTE.
- ES EMOCIONAL, ES DECIR, NOS PROVOCA EMOCIONES POTENTES.

STEPHEN COVEY

REDACTA 20 AFIRMACIONES PARA REPETIRLAS CADA DÍA:

"TODO LO QUE PUEDAS NECESITAR O DESEAR YA ES TUYO. HAZ REALIDAD TUS DESEOS IMAGINANDO Y SINTIENDO TU DESEO CUMPLIDO"

NEVILLE GODDARD

CUANDO PIENSAS EN MANIFESTAR,
¿QUÉ ES LO PRIMERO QUE TE VIENE A LA MENTE?

HAZ UNA LISTA DE 10 INTENCIONES RELACIONADAS CON
LO QUE QUIERES MANIFESTAR.

ENCIENDE LA CHISPA EN TI Y
HAS BRILLAR TU PROYECTO:

1. RECONECTA CON ALGO QUE AMES
2. COMBINA TUS TALENTOS
3. SAL DE TU ZONA DE CONFORT
4. EXPLORA/INVESTIGA
5. RODEATE DE PERSONAS QUE TE MOTIVEN

Creatividad

Proyectos | Trabajo | Carrera

¿CÓMO UTILIZAS TUS PUNTOS FUERTES Y HABILIDADES PERSONALES EN EL TRABAJO?

¿CÓMO RECONOCEN TUS PUNTOS FUERTES TUS COMPAÑEROS Y SUPERVISORES?

¿CÓMO TE LLENA EL TRABAJO? ¿LE DEJA CON GANAS
DE MÁS?

¿CÓMO TE LLENA EL TRABAJO? ¿LE DEJA CON GANAS
DE MÁS?

¿QUÉ PARTE DE TU JORNADA LABORAL TE GUSTA MÁS?

¿QUÉ PARTE DE TU JORNADA LABORAL TE GUSTA MÁS?

¿QUÉ ASPECTOS DE TU TRABAJO TE PARECEN REALES, NECESARIOS O IMPORTANTES?

¿QUÉ ASPECTOS DE TU TRABAJO TE PARECEN REALES, NECESARIOS O IMPORTANTES?

¿TE VES EN EL MISMO TRABAJO DENTRO DE 10 AÑOS?

¿TE VES EN EL MISMO TRABAJO DENTRO DE 10 AÑOS?

¿CUÁLES SON TUS AMBICIONES PROFESIONALES?

¿EN QUÉ TE VES COMPROMETIDO CON GANAS?

¿EN QUÉ TE VES COMPROMETIDO CON GANAS?

ENUMERA 5 COSAS QUE DESPIERTEN TU CURIOSIDAD
E INSPIREN TU INTERÉS.

SI TUVIERAS 150.000 DÓLARES PARA GASTAR EN 24
HORAS O MENOS, ¿CÓMO LOS GASTARÍAS?

¿CÓMO TE GUSTARÍA IMPACTAR EN EL MUNDO?

¿CÓMO TE GUSTARÍA IMPACTAR EN EL MUNDO?

¿TIENES ALGÚN RITUAL PARA CONECTAR CON TU SER
CREATIVO?

¿CUÁL ES EL MENSAJE QUE ESTAS DISPUESTA A COMPARTIR CON EL MUNDO?

¿QUÉ PUEDES HACER PARA MEJORAR TU RENDIMIENTO
LABORAL?

¿QUÉ TE ENSEÑA SU TRABAJO? ¿OFRECE OPORTUNIDADES
CONTINUAS DE APRENDIZAJE Y CRECIMIENTO?

¿QUÉ TE ENSEÑA SU TRABAJO? ¿OFRECE OPORTUNIDADES
CONTINUAS DE APRENDIZAJE Y CRECIMIENTO?

¿TU TRABAJO TE AGOTA O TE ABRUMA? ¿POR QUÉ? ¿ES ALGO
QUE PUEDES CAMBIAR?

¿TU TRABAJO TE AGOTA O TE ABRUMA? ¿POR QUÉ? ¿ES ALGO
QUE PUEDES CAMBIAR?

Salud

Mi cuerpo

DESCRIBE QUE ACOSTUMBRAS A HACER CUANDO TE SIENTES MAL.

¿QUÉ TRES COSAS ORDINARIAS TE DAN MÁS ALEGRÍA?

ENUMERA TRES ESTRATEGIAS QUE TE AYUDEN A ESTAR PRESENTE EN TUS RUTINAS DIARIAS.

ENUMERA TRES ESTRATEGIAS QUE TE AYUDEN A POTENCIAR LA ATENCIÓN PLENA EN TU VIDA.

¿DE QUE FORMAS SIENTES QUE TE CUIDAS FÍSICAMENTE?

¿DE QUE FORMAS SIENTES QUE TE CUIDAS
EMOCIONALMENTE?

¿DE QUE FORMAS SIENTES QUE TE CUIDAS
EMOCIONALMENTE?

¿QUÉ ESTAS HACIENDO HOY PARA TU CRECIMIENTO
INTERIOR Y TU FELICIDAD?

¿QUÉ ESTAS HACIENDO HOY PARA TU CRECIMIENTO
INTERIOR Y TU FELICIDAD?

¿QUÉ LÍMITES PUEDES ESTABLECER PARA PROTEGER TU ENERGÍA?

¿QUÉ LÍMITES PUEDES ESTABLECER PARA PROTEGER TU ENERGÍA?

¿CÓMO TE SIENTES CON RESPECTO A TU SALUD FÍSICA
EN ESTE MOMENTO?

¿CÓMO TE SIENTES CON RESPECTO A TU SALUD FÍSICA
EN ESTE MOMENTO?

LA MAYORÍA DE NOSOTROS TENEMOS HÁBITOS
ARRAIGADOS QUE NOS RETIENEN. ¿QUÉ LE RETIENE A
USTED? ¿QUÉ PODRÍA HACER PARA LIBERARSE?

¿ESTÁ DEMASIADO OCUPADO HACIENDO COSAS RUTINARIAS
Y BUENAS EN LUGAR DE LO QUE VERDADERAMENTE
IMPORTA?

¿ESTÁ DEMASIADO OCUPADO HACIENDO COSAS RUTINARIAS
Y BUENAS EN LUGAR DE LO QUE VERDADERAMENTE
IMPORTA?

ESCRIBA EN TU DIARIO LAS RESPUESTAS A ESTAS PREGUNTAS: ¿ALGUNA VEZ TE SIENTES ATRAPADO O ENCARCELADO?, ¿QUÉ TE MANTIENE TRAS LOS BARROTES Y TE HACE VER BARRO EN LUGAR DE ESTRELLAS?, ¿CUÁL ES EL ORIGEN DE ESTA SENSACIÓN DE ESTANCAMIENTO O DE INCAPACIDAD PARA AVANZAR?

ESCRIBE DIEZ RASGOS FÍSICOS QUE TE GUSTEN DE TI
MISMO.

Conexión

Mis relaciones

¿EN QUIÉN CONFÍAS MÁS? ¿POR QUÉ?

¿EN QUIÉN CONFÍAS MÁS? ¿POR QUÉ?

¿CUÁLES SON TUS PUNTOS FUERTES EN LAS RELACIONES (AMABILIDAD, EMPATÍA, ETC.)?

¿QUÉ ES LO QUE MÁS VALORAS EN LAS RELACIONES
(CONFIANZA, RESPETO, SENTIDO DEL HUMOR, ETC.)?

¿QUÉ ES LO QUE MÁS VALORAS EN LAS RELACIONES
(CONFIANZA, RESPETO, SENTIDO DEL HUMOR, ETC.)?

¿QUÉ TRES COSAS IMPORTANTES HAS APRENDIDO DE
RELACIONES ANTERIORES?

¿QUÉ TRES COSAS IMPORTANTES HAS APRENDIDO DE
RELACIONES ANTERIORES?

¿QUÉ CINCO RASGOS VALORAS MÁS EN LAS POSIBLES PAREJAS?

¿QUÉ CINCO RASGOS VALORAS MÁS EN LAS POSIBLES PAREJAS?

¿CÓMO MUESTRAS COMPASIÓN A LOS DEMÁS? ¿CÓMO PUEDES EXTENDER ESA MISMA COMPASIÓN A TI MISMO?

¿CÓMO MUESTRAS COMPASIÓN A LOS DEMÁS? ¿CÓMO PUEDES EXTENDER ESA MISMA COMPASIÓN A TI MISMO?

¿CUÁLES SON LAS TRES COSAS QUE FUNCIONAN BIEN EN TU RELACIÓN ACTUAL? ¿CUÁLES SON LAS TRES COSAS QUE PODRÍAN MEJORAR?

¿QUÉ LÍMITES PODRÍAS ESTABLECER EN TUS RELACIONES PARA SALVAGUARDAR TU PROPIO BIENESTAR?

¿QUÉ ES LO QUE MÁS QUIERES QUE TUS HIJOS (O FUTUROS HIJOS) APRENDAN DE TI?

¿QUÉ ES LO QUE MÁS QUIERES QUE TUS HIJOS (O FUTUROS HIJOS) APRENDAN DE TI?

¿CÓMO PUEDES APOYAR Y APRECIAR MEJOR A TUS SERES QUERIDOS?

ENUMERA TRES COSAS QUE TE GUSTARÍA DECIRLE A UN AMIGO, FAMILIAR O PAREJA.

¿A QUIÉN VOY A ELEGIR PARA AMAR
INCONDICIONALMENTE ESTE AÑO, LO MEJOR QUE
PUEDA, PASE LO QUE PASE?

¿ESTOY SIENDO INTENCIONAL CON LAS PERSONAS QUE AMO?

¿ESTOY SIENDO INTENCIONAL CON LAS PERSONAS QUE AMO?

DESCRIBA SU RELACIÓN ROMÁNTICA IDEAL CON TODO
DETALLE.

¿DE QUÉ MANERA PUEDES SER UNA BUENA PAREJA ROMÁNTICA?

¿DE QUÉ MANERA PUEDES SER UNA BUENA PAREJA ROMÁNTICA?

¿QUÉ ES LO QUE TE HACE SENTIR MÁS QUERIDO Y
RESPETADO EN UNA RELACIÓN?

¿QUÉ ES LO QUE TE HACE SENTIR MÁS QUERIDO Y
RESPETADO EN UNA RELACIÓN?

¿TIENES ALGÚN BAGAJE DE RELACIONES PASADAS QUE NECESITES LIBERAR?

¿TIENES ALGÚN BAGAJE DE RELACIONES PASADAS QUE NECESITES LIBERAR?

¿QUÉ CREES QUE TE IMPIDE TENER LA RELACIÓN
AMOROSA QUE DESEAS?

¿QUÉ CREES QUE TE IMPIDE TENER LA RELACIÓN
AMOROSA QUE DESEAS?

¿TE AFERRAS A ALGÚN IDEAL (QUIZÁS DE LAS PELÍCULAS) SOBRE CÓMO DEBERÍA SER EL AMOR? ¿SON PERJUDICIALES?

¿TE AFERRAS A ALGÚN IDEAL (QUIZÁS DE LAS PELÍCULAS) SOBRE CÓMO DEBERÍA SER EL AMOR? ¿SON PERJUDICIALES?

¿DE QUÉ MANERA LE MUESTRAS AL UNIVERSO QUE
ESTÁS LISTO PARA MANIFESTAR EL AMOR QUE DESEAS?

AFIRMO QUE EL AMOR QUE QUIERO ESESCRIBA TRES DE SUS AFIRMACIONES POSITIVAS FAVORITAS PARA EL AMOR. (SI NO CONOCE NINGUNA, BUSQUE ALGUNAS Y ESCRÍBALAS).

¿QUIÉN ES LA PERSONA MÁS IMPORTANTE PARA TI EN TU VIDA?

¿CUÁL ES UNO DE TUS RECUERDOS FAVORITOS?
¿POR QUÉ CREES QUE ES UN FAVORITO?

Abundancia
Mis recursos

3 palabras para describir...

TU ESTADO DE ÁNIMO ACTUAL.

_______________ _______________ _______________

TU ACTUAL PROYECTO DE PASIÓN.

_______________ _______________ _______________

EL ÚLTIMO LIBRO QUE HAS LEÍDO.

_______________ _______________ _______________

CÓMO TE SIENTES SOBRE EL MUNDO EN ESTE MOMENTO.

_______________ _______________ _______________

CÓMO TE GUSTARÍA QUE FUERA EL MUNDO.

_______________ _______________ _______________

CÓMO TE SIENTES EN TU RELACIÓN MÁS ÍNTIMA.

_______________ _______________ _______________

CÓMO AFRONTAS LAS DIFICULTADES DE LA VIDA.
TUS VALORES FUNDAMENTALES.

_______________ _______________ _______________

CÓMO TE VEN LOS DEMÁS.

_______________ _______________ _______________

CÓMO TE VES A TI MISMO.

_______________ _______________ _______________

EN QUIÉN TE GUSTARÍA CONVERTIRTE.

_______________ _______________ _______________

"A LA VIDA NO LE IMPORTA SI TE LLAMAS RICO
O POBRE; FUERTE O DÉBIL. TE RECOMPENSARÁ
ETERNAMENTE CON LO QUE RECLAMAS COMO
VERDADERO DE TI MISMO."

NEVILE GODDARD

Un cheque para ti

Si pudieras hacerte un cheque a la medida de tu abundacia, ¿De cuánto sería?

¿CUÁL ES TU OBJETIVO ESTE AÑO?

¿CUÁLES SON LAS ACCIONES EN LAS QJE FLUYE TU ATENCIÓN PARA CREAR UN FUTURO MEJOR?

¿CUÁLES SON LAS ACCIONES EN LAS QJE FLUYE TU ATENCIÓN PARA CREAR UN FUTURO MEJOR?

¿CÓMO ES TU RELACIÓN CON EL DINERO?

¿CÓMO ES TU RELACIÓN CON EL DINERO?

¿CÓMO VISUALIZAS LOS PRÓXIMOS 5 AÑOS DE TU VIDA?

¿CUÁLES SON LOS LOGROS FINANCIEROS DE LOS
QUE ESTAS ORGULLOSA/O?

¿CUÁLES SON LOS LOGROS FINANCIEROS DE LOS
QUE ESTAS ORGULLOSA/O?

¿CON CUÁLES CUALIDADES ASOCIAS LA ABUNDANCIA?

¿CON CUÁLES CUALIDADES ASOCIAS LA ABUNDANCIA?

¿QUE ES EL AGRADECIMIENTO PARA TI?

¿QUE ES EL AGRADECIMIENTO PARA TI?

Espiritualidad

Mis creencias

¿CÓMO RETOMAS EL CAMINO CUANDO LA VIDA SE PONE DIFÍCIL?

¿CUÁNDO SIENES QUE LO ESTAS LOGRANDO?

¿CUÁNDO SIENES QUE LO ESTAS LOGRANDO?

PREGÚNTATE: «¿QUÉ CREO QUE ES LO CORRECTO?
¿CUÁLES SON TUS CONVICCIONES MORALES MÁS
PROFUNDAS? ¿QUÉ DEBERÍAS HACER CON TU VIDA?».
ESCRIBE LO QUE DESCUBRA ACERCA DE SÍ MISMO.

PREGÚNTATE: «¿QUÉ CREO QUE ES LO CORRECTO?
¿CUÁLES SON TUS CONVICCIONES MORALES MÁS
PROFUNDAS? ¿QUÉ DEBERÍAS HACER CON TU VIDA?».
ESCRIBE LO QUE DESCUBRA ACERCA DE SÍ MISMO.

¿CÓMO PUEDES HACER QUE TU RUTINA MATUTINA SEA MÁS ESPIRITUAL?

¿CÓMO PUEDES HACER QUE TU RUTINA MATUTINA SEA MÁS ESPIRITUAL?

¿ERES UNA PERSONA POSITIVA?

¿ERES UNA PERSONA POSITIVA?

¿CUÁLES HÁBITOS ESTAS CAMBIANDO? ¿PORQUÉ?

ENUMERA 3 CREENCIAS LIMITANTES QUE TE FRENAN.

Contribución

Mi aporte

LA BONDAD PUEDE MARCAR LA DIFERENCIA EN EL MUNDO PORQUE...

¿CÓMO PODRÍAS ANIMAR A LA GENTE QUE TE RODEA A HACER MÁS COSAS AMABLES POR LOS DEMÁS?

LA ÚLTIMA COSA AMABLE QUE HICISTE POR ALGUIEN
FUE..

SI PUDIERAS HACER CUALQUIER COSA AMABLE (SIN LIMITACIONES DE LUGAR, DINERO O RECURSOS) POR CUALQUIER PERSONA DEL MUNDO, ¿LO HARÍAS?

SI LA GENTE FUERA MÁS COMPASIVA, EL MUNDO SERÍA...

DESCRIBE UNA OCASIÓN EN LA QUE ALGUIEN FUE AMABLE CONTIGO, PERO NO ERA NECESARIO QUE LO FUERA. ¿CÓMO TE HIZO SENTIR?

¿ES TODO EL MUNDO CAPAZ DE SER AMABLE?

¿ES TODO EL MUNDO CAPAZ DE SER AMABLE?

¿POR QUÉ CREES QUE ES IMPORTANTE DEDICAR PARTE DE NUESTRO TIEMPO A RETRIBUIR A LA COMUNIDAD?

¿POR QUÉ CREES QUE ES IMPORTANTE DEDICAR PARTE
DE NUESTRO TIEMPO A RETRIBUIR A LA COMUNIDAD?

Recreación

Mi escape

¿CUÁNDO DICES "NECESITO MÁS DE ESTO EN MI VIDA"?

¿CUÁNDO DICES "NECESITO MÁS DE ESTO EN MI VIDA"?

¿EN CUÁLES ACTIVIDADES Y RELACIONES TE SIENTES AL
MISMO TIEMPO LIBRE E INTERESADO, CON GANAS DE
LLEVARLO AL SIGUIENTE NIVEL?

PUEDES VER LAS VACACIONES DE MIS SUEÑOS...
DESCRÍBELAS